Dirk M. Zebisch

WOZU RETTUNGSFÄHIGKEIT?

Mit Corona oder ohne:
Die richtige Rettungsfähigkeit finden

Dirk M. Zebisch

WOZU RETTUNGSFÄHIGKEIT?

Mit Corona oder ohne:
Die richtige Rettungsfähigkeit finden

Bibliografische Information der Deutschen Nationalbibliothek: Die Deutsche Nationalbibliothek verzeichnet diese Publikation in der Deutschen Nationalbibliografie; detaillierte bibliografische Daten sind im Internet über http://dnb.dnb.de abrufbar.

weitere Mitwirkende: Rechtsanwalt Rupert Merkle, Rottenburg

Herstellung und Verlag: BoD – Books on Demand, Norderstedt

ISBN: 978-3-7534-5324-8

www.bäderseminare.de
info@bäderseminare.de

Der Autor:

Dirk M. Zebisch hat sein Hobby zum Beruf gemacht. Erst, als er 2013 hauptberuflich in Bädern arbeitete. Angefangen hat er als Rettungsschwimmer und war dann als Fachangestellter für Bäderbetriebe angestellt. Später, als er sich 2020 im Bereich Schulungen für Bäderpersonal selbständig machte.

Aus dem Lehrbetrieb der DLRG kommend brachte er die Erfahrung als Ausbilder mit. Als Fachangestellter in mehreren Bädern kennt er die Praxis des Bäderpersonals. Als Student der Wirtschaftswissenschaften verfügt er über den theoretischen Unterbau.

Lehre, Praxis und Wissenschaft zu einem verständlichen Ganzen zielgerichtet zu vereinen, gelingt ihm immer wieder.

Das Buch:

Die Frage nach der Rettungsfähigkeit des Personals in Schwimmbädern wurde durch die Coronakrise noch verstärkt. In weiten Teilen der Branche besteht Verunsicherung.

Das Buch "Wozu Rettungsfähigkeit? Mit Corona oder ohne: Die richtige Rettungsfähigkeit finden." verknüpft gekonnt Theorie und Praxis. Verständlich und ausführlich werden die verschiedenen Aspekte bei der Auswahl und Durchführung von Rettungsfähigkeitsnachweisen dargestellt. Ein eigenes Kapitel widmet sich den Besonderheiten während der Coronakrise.

Inhalt

I

Wozu Rettungsfähigkeit?

III

Wozu Rettungsfähigkeit?

1 Vorwort

Drei Dinge kamen für dieses Buch zusammen: Dank Corona hatte ich mehr Zeit und konnte endlich meine Erfahrungen und Kenntnisse publizieren. Durch Corona nahm auch der Bedarf an Fachinformationen in diesem Themenbereich zu.

Als Drittes arbeite ich seit diesem Jahr mit Herrn Rechtsanwalt Rupert Merkle aus Rottenburg zusammen. Dadurch habe ich viel gelernt und werde zu den Rechtsthemen kompetent beraten. Beim Rechtskapitel hat er mitgewirkt.

Seit über 20 Jahren prüfe ich mittlerweile Rettungsschwimmer und Rettungsfähigkeit, etwas kürzer bin ich EH-/San-Ausbilder. Bei der DLRG schulte ich auch Ausbilder und Prüfer. Die Praxis des Bäderbetriebs holte ich mit in acht Jahren als Vollzeitkraft in Bädern, erst als Rettungsschwimmer, dann als Fachangestellter für Bäderbetriebe. Im November 2020 machte ich mich als freiberuflicher Trainer im Bereich Schulungen für Bäderpersonal selbständig.

Mein herzlicher Dank gilt meinen Ausbildern und Meistern, bei denen ich in ganz unterschiedlichen Bäder viel lernen und ausprobieren durfte. Ich danke den Badmitarbeitern, die mir mit Rat und Tat, auf jeden Fall mit ihrer Erfahrung zur Seite stehen, wenn ich Fragen habe. Zuletzt

Wozu Rettungsfähigkeit?

danke ich den Bäderbetrieben, in denen ich als Referent in den letzten Monaten den Start in die Selbständigkeit genießen und mich am Markt bewähren durfte.

In diesem Buch habe ich sehr stark einen neutralen Standpunkt eingenommen und die verschiedenen Organisationen, Prüfungsformate und Bäderbranche unvoreingenommen und sachlich dargestellt.

Dennoch besteht die Gefahr von Interessenkonflikten. Daher gebe ich folgende Mitgliedschaften an:

- DLRG OG St. Blasien e. V. mit Lehr- und Prüfauftrag Schwimmen, Rettungsschwimmen, EH und San
- BdS e. V.
- Bäderseminare Dirk M. Zebisch (Inhaber)

Haigerloch, den 27. April 2021,

Dirk M. Zebisch

2 Einleitung

Die Bedeutung der Rettungsfähigkeit wird in der Literatur, der Lehre und in der Praxis oft unterschätzt. Meist läuft es darauf hinaus, dass der Badbetreiber einen Nachweis vorliegen hat, um sich bei Haftungsfällen freistellen zu können. Auf unterer Ebene genauso: Mit dem Rettungsfähigkeitsnachweis sieht sich der Mitarbeiter von weiteren Mühen befreit. Diese allgemeine Haltung hat sich über Jahrzehnte bewährt und wird kaum hinterfragt.

Spielen in der Praxis heute das Deutschen Rettungsschwimmabzeichen Silber, die Bescheinigung des BdS und die Rettungsfähigkeit nach Richtlinie 94.05 DGfdB die größte Rolle, ist der Berufsabschluss als Fachangestellter für Bäderbetriebe natürlich auch als Rettungs- und Leistungsfähigkeitsnachweis mit den deutlich höchsten Anforderungen für den Bäderbereich umfassend anerkannt. Aufgrund der unterschiedlichen Interpretationen, der verschiedenen Varianten und mitunter ungenauen Dokumentation ist die tatsächliche Bandbreite der Rettungsfähigkeit nahezu unbegrenzt und nicht vergleichbar.

Die Rettungsfähigkeitsnachweise, wie sie heute geführt werden, vermitteln dabei ein sehr einseitiges und falsches Bild von den zur Rettung Ertrinkender erforderlichen Kenntnissen und Fähigkeiten. Die Fixierung auf die Rettung Bewusstloser vom Boden des Schwimmbeckens einerseits sowie viele sachfremde Erwägungen andererseits, stellen den Wert der Rettungsfähigkeit durchaus in Frage. Dieser Effekt wird dadurch verstärkt, dass die Mitarbeiter der Bäderbranche von den Unzulänglichkeiten wissen.

Durch die Coronapandemie und den damit verbundenen Einschränkungen nahm der Variantenreichtum noch zu, während gleichzeitig die Anzahl der regulären Rettungsfähigkeitsprüfungen drastisch abnahm: Das Angebot wurde durch die rechtlichen und hygienischen Anforderungen an die Bäderbetriebe ebenso wie mit der neuen Erkrankung verbundenen Risiken erheblich reduziert.

Über ein Jahr nach Ausbruch von Corona in Deutschland bestehen immer noch erhebliche Unsicherheiten über die Durchführung der Rettungsfähigkeit. Von der Annahme, diese würde automatisch verlängert, bis die Pandemie vorbei ist, bis zu der Vermutung, man würde sich rechtmäßig verhalten, wenn man gar keine Nutzung des Bades mehr zulässt, ist hier alles vertreten. Die bisher verbreiteten Stellungnahmen der Verbände waren wenig hilfreich. Es ist aufgrund des Föderalismus in Deutschland und der Haftungsrisiken sehr schwer, zu klaren Empfehlungen zu kommen.

Dieses Buch stellt den Stand der Rettungsfähigkeit aktuell dar. Auf eher grundsätzliche Aspekte wird genauso eingegangen wie auf die veränderte Sicht, die sich durch

Corona zurzeit ergibt. Der rechtliche Rahmen wird gesteckt, die großen Formate der Rettungsfähigkeit und deren Anforderungen erläutert sowie Möglichkeiten der praktischen Umsetzung und Anpassung an die Bäderwirklichkeit aufgezeigt. Dabei zeichnet sich das Buch durch seinen neutralen Standpunkt ebenso aus wie in der umfassenden Darstellung des Themas.

Die Gliederung des Stoffs ist sachlogisch. Statt durch Verweise, die ein ständiges Blättern im Buch erfordern würden, werden wesentliche Inhalte an den entsprechenden Stellen zusammengefasst oder kurz wiederholt. Die üblichen Hilfsmittel wie Inhaltsverzeichnis und weitere Verzeichnisse sowie die textliche Gestaltung machen die Orientierung im Text leicht.

Trotz gründlicher Recherche und Einbeziehung von Fachleuten können Fehler nicht ganz ausgeschlossen werden. Die Umsetzung der Rettungsfähigkeit bleibt in der Verantwortung Unternehmers.

Insgesamt ermöglicht dieses Buch die schnelle Orientierung und Vertiefung zum Thema Rettungsfähigkeit, indem es Praxis und Theorie verständlich verknüpft.

3 Rechtliche Bedeutung

Strafrecht

In strafrechtlicher Hinsicht hat die Rettungsfähigkeit des Personals kaum Bedeutung. In der Lehre, Literatur wie der Rechtsprechung wird diese inhaltlich nicht geprüft. Allerdings beschlagnahmt die Polizei bzw. die Staatsanwaltschaft die Unterlagen regelmäßig, wenn sie schon mal vor Ort ist. Dies erfolgt meist aber nur bei Ertrinken bzw. Sterbefällen. In diesen Fällen erstreckt sich die Überprüfung der Rettungsfähigkeit lediglich auf die Dokumentation.

Problematisch könnte es werden, wenn es zu offensichtlichen Diskrepanzen zwischen der bescheinigten Rettungsfähigkeit und dem tatsächlichen Vermögen des Retters kommt. Wenn ein Retter eine Person aus zwei Meter tiefen Wasser nicht heraufholen kann, könnte nachgefragt werden. Tatbestände sind dann Urkundenfälschung etc.

In der Praxis erfolgt die Verurteilung von Aufsichtskräften seit Jahrzehnten gegebenenfalls wegen unterlassener Hilfeleistung (§ 323c StGB). Da diese jedoch nur vorsätzlich begangen werden kann, d.h., die Aufsicht wusste, dass ein Notfall vorliegt und hat trotzdem nicht geholfen, ist der Nachweis meist schwierig und die Verfahren werden eingestellt.

In Lehre und Literatur wird auf die Garantenstellung verwiesen (§ 13 StGB). Als Garant würde die Person auch ohne Vorsatz verurteilt werden können, weil es ihre Aufgabe ist, andere zu retten. Dies hat in der Rechtsprechung jedoch kaum Bedeutung.

Verkehrssicherungspflicht

Bedeutung hat die Rettungsfähigkeit jedoch regelmäßig bei zivilrechtlichen Fragestellungen. Hierbei geht es standardmäßig um Schadensersatzansprüche nach § 823 BGB. Die Rechtsprechung hat hieraus die sogenannte Verkehrssicherungspflicht entwickelt.

Im Rahmen der Verkehrssicherungspflicht hat der Badbetreiber auch dafür zu sorgen, dass Ertrinkende schnell gerettet werden, und setzt dafür geeignete Aufsichten ein. Zur Eignung gehört nun nach allgemeiner Vorstellung die Rettungsfähigkeit bzw. deren Nachweis.

Ähnlich wie im Strafrecht wird in der Praxis jedoch lediglich das Vorhandensein des Nachweises geprüft. Der Schwerpunkt liegt in den Prozessen dann meist auf dem Verschulden der Aufsicht insbesondere für eine zu späte oder nicht korrekt durchgeführte Rettung, nicht auf der Rettungsfähigkeit als solcher.

Unfallkassen

Die Unfallkassen und Berufsgenossenschaften haben in der DGUV Regel 107-001 Anforderungen an die Aufsichtspersonen, die hier Retter heißen, genannt. Dazu ge-

Wozu Rettungsfähigkeit?

hören Mindestalter 18 Jahre, körperliche und geistige Eignung sowie ein Nachweis der Rettungsfähigkeit (und Erste Hilfe) nicht älter als zwei Jahre.

Inhaltlich wird dabei ausdrücklich auf das deutsche Rettungsschwimmabzeichen Silber sowie die Rettungsfähigkeit nach Richtlinie 94.05 DGfdB Bezug genommen. Eine Öffnungsklausel lässt aber alle Personen zu, die (auch auf andere Weise) Kenntnisse und Fertigkeiten nachgewiesen haben. Sie sollen Ertrinkende insbesondere ohne Eigengefährdung retten können.

Die Nennung der Fachkräfte (Meister Bäderbetriebe, Fachangestellte) ist wenig relevant, da diese ja nicht alle zwei Jahre ihren Berufsabschluss wiederholen, sondern den Nachweis auf andere Weise erbringen.

Der Einsatz von nicht als Retter geeigneten Personen kann durch die Unfallkassen und Berufsgenossenschaften mit einem Ordnungsgeld belegt werden. Dies gilt auch z. B. dann, wenn der Nachweis länger als zwei Jahre zurückliegt.

Besondere Anforderungen

Es gibt eine Reihe weiterer Regelungen zur Rettungsfähigkeit. So haben einige Bundesländer eigene Regeln erlassen, für Schullehrer gilt ein eigenes Regelwerk.

Für das Badpersonal unterscheiden sich die Regelungen aber meist nicht von der für sie allgemein geltenden

Rettungsfähigkeit. Beachtet werden sollten aber z. B. Regelungen zum erneuten Nachweis unter anderem nach längerer Krankheit.

4 Qualität und Inhalte

Die bekannten Formate

Einige Prüfungsformate haben in der Praxis einen besonders hohen Stellenwert und sind sehr weitgehend anerkannt.

Deutsches Rettungsschwimmabzeichen Silber

Das Deutsche Rettungsschwimmabzeichen Silber stellt neben dem Nachweis der Rettungsfähigkeit zugleich einen Leistungsnachweis im Schwimmen und Rettungsschwimmen dar. Es ist nach allgemeiner Meinung der Goldstandard der Rettungsfähigkeit und kann unabhängig von der vorherigen Qualifikation (Berufsabschluss, Rettungsschwimmabzeichen oder gar keine) abgelegt werden. Ein EH-Nachweis nicht älter als zwei Jahre ist jedoch Voraussetzung für die Prüfung.

Obwohl die eigentliche Rettungsübung etwas geringere Anforderungen als z. B. die Rettungsübung nach Richtlinie 94.05 DGfdB stellt, wird dies durch die weiteren Leistungen mehr als ausgeglichen.

Das Rettungsschwimmabzeichen wird durch Lehrberechtigte der Deutschen Lebens-Rettungs-Gesellschaft e. V., den Deutschen Roten Kreuzes e. V., dem Arbeitersamariterbund e. V. oder Prüfern im Auftrag des öffentlichen

Dienstes (besonders Bundeswehr, Polizei etc.) abgenommen. Meist arbeitet das Bad mit einer geeigneten Gliederung der genannten Verbände vor Ort zusammen.

Bei der Erstprüfung ist eine 12 Zeitstunden umfassende theoretische und praktische Ausbildung vorgeschrieben. Bei Wiederholungsprüfungen entfällt die Ausbildung; es kann direkt die Prüfung abgenommen werden.

Verbandsintern gilt das Rettungsschwimmabzeichen während Corona länger als die üblichen zwei Jahre. Dies hat jedoch keine Wirkung für das Badpersonal.

Da das Rettungsschwimmabzeichen als Leistungsnachweis konzipiert ist, fällt es vielen älteren Badangestellten schwer, die Prüfung noch abzulegen. Aufgrund der vielfältigen Anforderungen kann es außerdem nur in wenigen Bädern abgenommen werden. So muss die Wassertiefe mindestens 3 m betragen und ein 3 m-Brett oder eine 3 m-Plattform vorhanden sein.

Das Rettungsschwimmabzeichen ist aufgrund seines Umfangs und der Leistungsanforderungen die schwierigste Prüfung. Oft wird es nicht an einem Tag abgenommen, sondern z. B. in wöchentlich verteilten Trainingseinheiten.

Wozu Rettungsfähigkeit?

Richtlinie 94.05 DGfdB

Die Richtlinie der Deutschen Gesellschaft für das Bade-wesen e. V. stellt den Stand der Technik dar. Es wird häu-fig von Gerichten als vorweggenommene sachverständige Meinung für die Bewertung der Verkehrssicherungspflicht in Bädern verwendet. Umgekehrt wird die Richtlinie regel-mäßig an die aktuelle Rechtsprechung angepasst, so dass es nicht nur den Stand der Technik wiedergibt, sondern auch den Stand der Rechtsprechung. Ihm kommt also eine herausragende Bedeutung auch bei der Rettungsfä-higkeit zu. Die Zirkelschlüsse führen dennoch zu einer massiven Beschränkung: Wenn Urteile aufgrund der Richtlinie getroffen werden, die Richtlinie dann den Urtei-len angepasst wird, sind Neuerungen oder anderen Auf-fassungen fast unmöglich, obwohl sie u. U. sehr sinnvoll wären.

Die Richtlinie misst für die Rettungsfähigkeit mit zweier-lei Maß. Unabhängig von der Qualifikation kann die Ret-tungsfähigkeit durch das Rettungsschwimmabzeichen Sil-ber nachgewiesen werden. Der Nachweis durch eine ei-gens im Anhang der Richtlinie beschriebene und weniger aufwändige Rettungsübung steht jedoch nur den Fach-kräften offen.

Die Rettungsübung in der Anlage zum Richtlinie stellt den Minimalstandard zur Rettungsfähigkeit dar:

- Einleiten der Rettungskette durch Notruf.

- Dummy/Person von der tiefsten Stelle des Beckens durch Tauchen hochholen.
- Anlandbringen und drei Minuten Durchführung der Herz-Lungen-Wiederbelebung

Die Rettungsfähigkeit gilt nur in Verbindung mit einem Erste-Hilfe-Kurs, nicht älter als zwei Jahre, sowie einer Einweisung in das Bad.

Die Rettungsfähigkeit ist auf andere Bäder übertragbar, wenn die Bedingungen im Wesentlichen übereinstimmen, vor allem die größte Wassertiefe.

Die DGfdB geht davon aus, dass der bei der Übung verwendete Dummy eine tauchfähige Gliederpuppe ist und nicht etwa der auf Rettungswettkämpfen übliche rote Dumme ohne Gliedmaßen. Dies ist offensichtlich jedoch nicht öffentlich dokumentiert und kommuniziert.

DGUV Regel 107-001

Die DGUV-Regel verlangt lediglich, dass als Retter eingesetzte Personen über Kenntnisse und Fertigkeiten verfügen, einen Ertrinkenden ohne Eigengefährdung zu retten. Sie verweist dann auf das Rettungsschwimmabzeichen in Silber sowie auf die Richtlinie der DGfdB. Sie betont, dass die Nachweise regelmäßig wiederholt werden müssten.

Neben dem Erste Hilfe-Nachweis kommen hier für die Retter noch die körperliche und geistige Eignung sowie das Mindestalter hinzu.

Wozu Rettungsfähigkeit?

Alternative Konzepte

Die Vereinte Dienstleistungsgewerkschaft ver.di steht einer formalen Prüfung als Nachweis der Rettungsfähigkeit kritisch gegenüber. Die nicht nach Lebensalter differenzierten Leistungsanforderungen werden als ebenso problematisch angesehen wie die nur auf den Zeitpunkt bezogene Aussagekraft.

Als Vorschlag wird der Nachweis der Rettungsfähigkeit mit der Pflicht des Arbeitgebers verknüpft, die Leistungsfähigkeit seines Personals durch Fortbildung und Training aufrecht zu erhalten. Die regelmäßige Teilnahme am vom Arbeitgeber angebotenen Training kann dann in Verbindung mit dem jährlichen Qualifizierungsgespräch der Nachweis der Rettungsfähigkeit sein.

Bei diesem Modell wird auch die Erfahrung des Mitarbeiters als Teil der Rettungsfähigkeit gesehen und damit ein umfassender Begriff der Rettungsfähigkeit. Daher ist die Rettungsfähigkeit insgesamt in einen größeren Kontext eingebunden. Ver.di schlägt vor, diesen Bereich im Rahmen einer Dienst- bzw. Betriebsvereinbarung zu regeln. Hier wird dann auch festgelegt, was passiert, wenn Mitarbeiter Anforderungen nicht (mehr) erfüllen, z. B. durch eine Arbeitsplatzgarantie für diesen Fall.

Weitere

Einige weitere Organisationen haben ihre eigene Vorstellung von Rettungsfähigkeit. Der Bundesverband deutscher Schwimmmeister e. V. bietet Seminare Wasserrettung an, die auch als Nachweis der Rettungsfähigkeit gelten.

Die schwimmerischen Leistungen sind:

- 300 m Kleiderschwimmen
- 400 m Lagen
- 25 m Streckentauchen
- 50 m Schleppen[1]
- Kombinierte Übung

Dabei erfolgt das Kleiderschwimmen in üblicher Dienstkleidung. Die 400 m Lagen bestehen aus 50 m Kraul, 150 m Rückenlage und 200 m Brust. Beim Schleppen wählt der Prüfling den Griff selber. Die kombinierte Übung erfolgt ohne Durchführung der HLW[2].

Darüber hinaus gibt es in anderen Organisationen beliebige weitere Rettungsfähigkeiten.

---

[1] Schleppen wird teilweise als Transportieren bezeichnet.
[2] Es werden die Unterschiede zum Rettungsschwimmabzeichen angegeben.

Wozu Rettungsfähigkeit?

Individuelle Rettungsfähigkeit – Baukasten

Je nach den Anforderungen und Erwartungen im Bad kann die Rettungsfähigkeit auch individuell zusammengestellt werden. Kernelement wird stets die Kombinierte Übung sein:

- Hilfe rufen
- Ins Wasser gelangen und anschwimmen/antauchen
- Person von der tiefsten Stelle an die Oberfläche heraufholen
- Person zum Rand schleppen
- Person sichern/an Land bringen[3]
- Erstversorgung inkl. Notruf

Die Aufgabe ist komplexer, als es zunächst aussieht. So sollte der kürzeste Schwimmweg genutzt werden. Dafür ist meist zunächst am Rand entlang zu gehen (laufen wäre ja zu gefährlich). Dabei ist zu überlegen, welche Kleidungsstücke und Ausrüstungsgegenstände abzulegen sind (Was man nicht dabeihat, kann auch nicht nass werden!). Je nach Rand und Wassertiefe ist nicht ins Wasser zu springen, da das Risiko zu hoch ist. Eine geeignete Form ist zu wählen. Anschwimmen/Antauchen nach den

---

[3] Bei den Rettungsschwimmern im Kinder- und Jugendalter ersetzt das Sichern das Anlandbringen. Insgesamt nimmt die Bedeutung des Sicherns gegenüber dem Anlandbringen zu.

bekannten Regeln. Beim zum Rand schleppen auch beachten, ob an der Stelle anschließend genug Platz ist. Die Gerettete vor der Wiederbelebung um das halbe Becken zu schleifen ist meist wenig sinnvoll. Anlandbringen nach den bekannten Regeln. Erstversorgung nach Notwendigkeit, Ausbildungsstand und vorhandenem Material.

Ziel der Übung ist es festzustellen, ob eine Person von der tiefsten Stelle gerettet werden kann und ob der Retter nach der Belastung im Stande ist, die korrekte Erstversorgung zu leisten. Hier sind in der Regel drei Minuten HLW zu fordern.

Bei der Rettung der Person vom Beckenboden bietet sich eine tauchende Gliederpuppe an. Idealerweise kann an diesem Phantom auch die HLW demonstriert werde. Ein roter Wettkampfdummy, der taucht, ist besser als nichts. Mit diesem macht das Anlandbringen jedoch keinen Sinn. Übungskünstlichkeiten lassen sich nicht immer ganz vermeiden, sollten jedoch reduziert werden. Es macht wenig Sinn, einen 5 kg-Ring zu ertauchen, dann einen schwimmenden Dummy zu schleppen, an einer lebenden Person das Anlandbringen zu demonstrieren und anschließend HLW an einem entsprechenden Phantom zu üben.

Dies ist der Mindeststandard, der von Aufsichtskräften gefordert werden sollte. Zugleich stellt die Kombinierte Übung eine extreme Situation dar, die tatsächlich bei der

Wozu Rettungsfähigkeit?

Rettung Ertrinkender selten vorkommt. Daher macht es Sinn, die Kombinierte Übung durch weitere Elemente zu erweitern oder andere Übungen von der Kombinierten Übung getrennt durchzuführen. Dies gilt vor allem dann, wenn die Rettungsfähigkeit zugleich ein Leistungsfähigkeitsnachweis sein soll.

Möglichkeiten zur Erweiterung der Kombinierten Übung sind beispielsweise:

- Ablegen der Prüfung in Kleidung (Prüfling bzw. Betroffener)
- Ein bestimmter Sprung
- Eine vorgegebene Schwimmstrecke
- Eine vorgegebene Schwimmart
- Mehrfaches Abtauchen während des Anschwimmens
- Eine Mindesttauchstrecke
- Heraufholen eines größeren Gewichts
- Befreiungsgriff beim Auftauchen
- Ein bestimmter Schleppgriff
- Eine bestimmte Schleppstrecke
- Ein bestimmtes Anlandbringen (hoher Rand, Leiter, Treppe mit entsprechendem Griff)
- Erstversorgung zu zweit, mit AED, Sauerstoff, Larynxtubus...
- Enge Zeitvorgaben für die gesamte Übung oder Teile davon

Extrem wäre die Durchführung der Kombinierten Übung z. B. in einem Wellenbad mit Rettung über den hohen Rand oder in einem Naturbad mit naturtrübem, frischem Wasser. Hierbei kommt der Sicherung der Übenden eine zunehmend größere Bedeutung zu. Auch muss sehr deutlich gemacht werden, dass es um die gesteigerte Leistungsanforderung geht, nicht um das praktisch notwendige Verhalten bei einer Rettung in einem Lehrschwimmbecken.

Weitere Übungen außerhalb der kombinierten Übungen können zur Prüfung der Leistung oder korrekter Technik durchgeführt werden. Die Klassiker sind:

- 400 m Kraul, Brust, Rücken (mit/ohne Arme, in wechselnden Anteilen)
- 300 m Kleiderschwimmen
- 25 m Streckentauchen
- 50 Schleppen

Die Strecken, Zeiten und Ausführungen sind recht willkürlich festgelegt. Sie orientieren sich oft am Rettungsschwimmabzeichen Silber oder auch der Abschlussprüfung für Fachangestellte für Bäderbetriebe.

Das Kleiderschwimmen wird oft in kurzer Dienstkleidung durchgeführt. Die Vorstellung dahinter ist, dass die Aufsicht im wirklichen Betrieb ja keine lange Hose und Jacke mit langen Ärmeln trägt, dies also unrealistisch sei. Da es nicht weniger unrealistisch ist, dass ein Retter auf dem

Wozu Rettungsfähigkeit?

Weg zum Ertrinkenden noch schnell zwölf Bahnen schwimmt, ist diese Argumentation wenig überzeugend. Auch sieht man in der Praxis am kalten Morgen im Freibad durchaus Aufsichten in Trainingsanzügen. Letztlich wird über die Kleidung die Intensität der Übung gesteuert. Die Zeiten im Rettungsschwimmabzeichen oder auch der Abschlussprüfung für Fachangestellte für Bäderbetriebe gehen von langer Kleidung aus. Entscheidend ist, in der Bescheinigung deutlich zu machen, zu welchen Bedingungen die Übungen durchgeführt wurden.

Apropos realistisch: Selbst in einem großen Becken mit zehn Bahnen und 50 m Länge beträgt die maximal zu schwimmende Distanz 10,50 m, um den Ertrinkenden zu erreichen.

Weitere Möglichkeiten für Übungen sind beispielhaft:

- Transportschwimmen
- Hindernisschwimmen
- Verschiedene Sprünge aus verschiedenen Höhen
- Verschiedene Techniken des Anlandbringens
- Einsatz von Rettungsgeräten (Rettungsstange, Rettungsball, Spineboard)
- Tauchparcour
- Aufgaben unter Wasser erledigen

Dabei kann es um die praktische Erfahrung gehen, das korrekte Zeigen der Technik oder um Leistung.

Idealerweise wird die Überprüfung der Rettungsfähigkeit mit einer Schulung verbunden. Hierbei können Neuerungen vorgestellt werden, die sich ändernde Rechtslage oder auch Verfahren, die im Bad bisher nicht zur Verfügung standen, erläutert werden. Ganz konkret kann hier auf die Änderungen im eigenen Bad eingegangen werden. Hier ist Platz, auf den Erfahrungen der Mitarbeiter aufzubauen und deren Ideen und Eindrücke aufzuarbeiten. Bestandteil der Schulung können Praxiseinheiten im Wasser sein, von der Erprobung bis zum Feilen an der Technik. Hier einige Themenbeispiele zur Inspiration:

- Moderne Befreiungsgriffe statt Judo der 50er Jahre
- Seemannsfesselschleppgriff in Rückenlage?
- Umgang mit dem Spineboard
- Crashrettung vs. patientengerechte Rettung
- Zusammenarbeit und zuverlässige Kommunikation bei der Rettung
- Wiederbelebung mit zwei Helfern, AED, Larynxtubus
- Immobilisation im Wasser
- Patiententransport in und außerhalb des Wassers

Je abwechslungsreicher die Erfahrungen der Mitarbeiter sind, desto größer sind ihr Handlungspotential und ihr

Wozu Rettungsfähigkeit?

Handlungsrepertoire, gerade in Nicht-Standardsituationen.

5 Der tatsächliche Stand im Jahr 2021

Das Jahr 2021 ist für die Bäder ein schwieriges Jahr. Bis in den April waren die Bäder geschlossen und werden es vermutlich auch noch länger bleiben. Die rechtlichen Anforderungen sind unberechenbar und ändern sich anscheinend ebenso willkürlich wie spontan; auch mehrfach in kurzer Zeit. Das Personal ist in Kurzarbeit oder Beschäftigungstherapie, im Wesentlichen aber außer Übung.

Gerade im Frühjahr 2020, als die Zuständigkeiten noch nicht ganz klar waren, mussten oft auf der untersten Ebene Entscheidungen getroffen werden. Damit sahen sich die Bäder nicht nur stark abweichenden Anforderungen von Seiten der Gesundheitsämter konfrontiert, die im schlimmsten Fall auch noch je nach Sachbearbeiter anders waren. Die Bäder mussten auch ohne Hinweise der Verbände oder großen Abstimmungsmöglichkeiten innerhalb der Branche Maßnahmen ergreifen und Insellösungen schaffen.

Viele Bäder haben es 2020 geschafft, mit mehr oder weniger großem Aufwand die von den verschiedenen Seiten an sie herangetragenen Anforderungen so weit zu erfüllen, dass die Bäder betrieben werden konnten. Im Laufe des Sommers kamen die ersten Empfehlungen der Verbände heraus, die sich mit dem Betrieb der Bäder beschäftigten und nicht mit der Außer- oder erneuten Inbetriebnahme. Im April 2021 steht der Pandemieplan 2.0 der DGfdB zur Verfügung.

Genau in diesem Moment geht viel Regelungskompetenz von den Ländern auf den Bund über: Stichwort Notbremse-Gesetz. Es geht nicht mehr darum, welche Tätigkeiten erlaubt sein können, weil geringe Ansteckungsgefahr besteht. Die Wirksamkeit der Maßnahmen in den Bädern oder der Gastronomie steht nicht mehr im Vordergrund. Es geht darum, Kontakte von potentiell Infizierten zu vermeiden. Dies hat unmittelbar zur Folge, dass alles verboten oder eingeschränkt wird, was größere Menschengruppen anziehen könnte. Kriterium ist nur noch die Verhältnismäßigkeit, nicht die Ansteckungsgefahr. Impfen und Testen sind die zurzeit wirksamen Maßnahmen, um Einschränkungen zu vermeiden. Es gibt aus verschiedenen Richtungen erheblichen Widerspruch gegen die Bestimmungen des Notbremse-Gesetz. Darüber hinaus sieht es im Moment so aus, als seien die Versuche mit umfangreicher Testung eher wenig erfolgreich. Testen hilft also nicht wirklich, um Ansteckungen zu vermeiden. Es ist zurzeit völlig unklar, ob und wann die Bäder wieder öffnen können; und wenn, dann unter welchen Auflagen.

In der Bäderbranche herrscht große Unsicherheit.

Im Jahr 2020 sind viele Angebote zur Rettungsfähigkeit ausgefallen. Auch 2021 waren die Schulungen durch BdS et al. zwischen Februar und April sehr überschaubar. Viele Mitarbeiter hatten schlicht keine Möglichkeit, ihre Rettungsfähigkeit aufzufrischen. Manchem war vielleicht auch eine Veranstaltung mit Fremden nicht recht. Zur avisierten Eröffnung der Bädersaison im Mai 2021 werden viele Mitarbeiter nicht über einen Rettungsfähigkeitsnachweis nicht älter als zwei Jahre verfügen. Diejenigen, die zuletzt im Frühjahr 2018 ihre Prüfung abgelegt haben und für 2020 die nächste einplanten, sind mittlerweile mehr als ein Jahr überfällig.

Unabhängig von Corona gibt es auch für die Vorjahre keine Erhebungen, welche Personen mit Rettungsfähigkeitsnachweis tatsächlich diese Leistung nicht erbracht haben bzw. diese nicht erbringen können. Neben den bekannten Fällen von Gefälligkeitsbescheinigungen und undokumentierten Änderungen bei den Prüfungsanforderungen ist von einem beträchtlichen Dunkelfeld auszugehen.

Es ist anzunehmen, dass ein größerer Anteil der Aufsichten in Bädern zu Saisonbeginn 2021 über keine ausreichende Rettungsfähigkeit verfügt. Viele werden anschließend zügig die notwendigen Nachweise nachholen.

6 Auswahl von Inhalt und Prüfer

Verantwortung

Die Verantwortung für die Auswahl und den Ausbildungs-stand des Personals liegt beim Unternehmer. Dieser kann diese Verantwortung delegieren. Die Delegation ist dann wirksam, wenn sie entsprechend klar und schriftlich fest-gelegt ist, der Mitarbeiter, an den delegiert wird, entspre-chend geeignet, also insbesondere fachlich und persön-lich geeignet ist. Außerdem muss die Delegation mit ent-sprechenden Befugnissen und Mitteln (finanziell, materiell aber auch Arbeitszeit) ausgestattet sein. Der Unternehmer bleibt für die Delegation als solche verantwortlich, nicht aber für die im Rahmen der Delegation getroffenen Ent-scheidungen des Mitarbeiters. Dennoch gehört zu einer wirksamen Delegation, dass der Unternehmer geeignete Mittel einsetzt, um den delegierten Bereich zu überprüfen. Da der Unternehmer fachlich oft nicht in der Lage ist, den Bereich zu beherrschen (daher delegiert er die Verantwor-tung ja), ist die Kommunikation mit den Mitarbeitern das entscheidende Mittel. Neben regelmäßigen, dokumentier-ten Gesprächen bieten sich insb. Berichte an. Eine In-tegration in das Qualitätsmanagementsystem wird ange-strebt.

Geprüfte Meister für Bäderbetriebe sind fachlich geeig-net. Ihre Ausbildung und Prüfung beinhaltet sowohl die Personalführung inkl. Auswahl und Qualifizierung als auch im Bereich Rettungsschwimmen/Rettungsfähigkeit zu schulen. Fachangestellte sind zwar als Schwimmausbilder geschult, nicht jedoch als Ausbilder im Rettungsschwimmen oder in der Rettungsfähigkeit. Sollte die Verantwortung für die Rettungsfähigkeit des Personals an Fachangestellte delegiert werden, ist besonderer Wert auf den Nachweis der fachlichen Eignung zu legen, bzw. die Person entsprechend zu schulen. Lehrberechtigte für das Rettungsschwimmabzeichen gelten ebenfalls als qualifiziert, die Rettungsfähigkeit auszubilden und zu prüfen.

Die erfolgreiche Delegation führt zu einer sehr weitgehenden Haftungsfreistellung des Unternehmers bzw. der jeweils übergeordneten Hierarchieebene.

Statt der Delegation ist auch die Beauftragung eines Mitarbeiters mit der Durchführung der Rettungsfähigkeitsprüfung möglich. Bei einer Beauftragung bleibt der Beauftragende vollständig verantwortlich und entsprechend haftbar. Es liegt im Ermessen des Verantwortlichen, Mitarbeiter mit Aufgaben im Bereich Rettungsfähigkeit zu beauftragen.

Der Nachweis der Rettungsfähigkeit kann auch über Unternehmensexterne erfolgen. Dabei sollte man bei den Fachverbänden wie BdS, DLRG, DRK, ASB etc. sowie etablierten Privatunternehmen in diesem Bereich davon ausgehen können, dass sie über die entsprechenden

Wozu Rettungsfähigkeit?

Kompetenzen und Qualifikationen[4] verfügen. Bei der erstmaligen Zusammenarbeit ist es sinnvoll, diese durch den Vertragspartner ausdrücklich erklären zu lassen und zum Vertragsbestandteil zu machen. Unter Umständen können Qualifikationen im Vorfeld über entsprechende Nachweise belegt werden.

Spätestens, wenn jedoch Wissen vorhanden ist, dass die Rettungsfähigkeit nicht korrekt, also vereinbarungsgemäß geprüft oder dokumentiert wird, muss dem nachgegangen werden. Ansonsten sind die entsprechenden Nachweise zur Rettungsfähigkeit nicht verwertbar.

Kriterien

Verschiedene Interessengruppen

Die Ansprüche an ein bestimmtes Format und eine bestimmte Form der Durchführung sind abhängig von den Interessengruppen sehr vielfältig. Auf Seiten der Bäderbetreiber steht oft schlicht der Nachweis im Vordergrund, da dieser die rechtliche Absicherung des Bades gewährleisten soll. Inhaltliche und Fragen der Durchführung spielen gegenüber dem geringen Aufwand und der Sicherheit, dass alle Mitarbeiter den Nachweis bekommen, eine untergeordnete Rolle. Bei anderen Badbetreibern liegt der Schwerpunkt auf der Nutzung der im Bad vorhandenen

---

[4] Kompetenz ist können oder dürfen. Qualifikation bedeutet, dass Kenntnisse und Fertigkeiten in einem reproduzierbaren Prozess festgestellt wurden.

Möglichkeiten im Rahmen der Rettung Ertrinkender. Manche Badbetreiber setzen das Seminar auch gezielt als Teambildungsmaßnahme ein und schicken ihre Mitarbeiter auf zweitägige Seminare mit Übernachtung (meist in Verbindung mit einem Erste-Hilfe-Kurs) weit weg.

Aus Sicht der Mitarbeiter besteht ein Interesse daran, den Rettungsfähigkeitsnachweis möglichst „einfach" zu erhalten. Der Schein ist spannend, nicht das, was bestätigt wird. Interessant sind auch Tagesseminare, die nach einem guten im Preis inbegriffenen Mittagessen enden. Einige Badangestellte betonen die Möglichkeit zum Austausch mit Kollegen aus weiter entfernten Bädern, die sie vielleicht nur zu dieser Gelegenheit treffen. Genannt werden sollen auch die Mitarbeiter, die die Möglichkeit nutzen, um ihre Leistungsfähigkeit zu demonstrieren, wobei oft gesunder Wettkampfgeist hervorbricht.

Die Haltung vieler Anbieter ist oft ambivalent: Einerseits sollen die Badmitarbeiter den Rettungsfähigkeitsnachweis erhalten, andererseits kommt es nicht nur gelegentlich vor, dass diese die angestrebten Leistungen nicht erbringen. Soll sein Kollege aus dem Verband jetzt entscheiden, dass der Mitarbeiter nicht mehr arbeiten kann/darf? Das Geld fließt nur, wenn man die Kunden nicht erschreckt.

Wozu Rettungsfähigkeit?

Sicher ist sicher

Mit dem Rettungsschwimmabzeichen Silber ist der Badbetreiber nach heutigem Stand immer auf der sicheren Seite: inhaltlich, nachweismäßig und bezogen auf Kosten und Aufwand.

Da das Rettungsschwimmabzeichen Silber als umfangreichster Nachweis der Leistungsfähigkeit und Rettungsfähigkeit gilt, ist mit ihm der Rettungsfähigkeitsnachweis in allen Fällen gelungen.

Die prüfenden Organisationen, insb. die Vereine ASB, DRK und DLRG genießen ein hohes Maß an Vertrauen und sind bzgl. Gefälligkeitsbescheinigungen etc. unverdächtig. Dies gilt auch, wenn im Rahmen des Wasserrettungsseminars des BdS das Rettungsschwimmabzeichen verlängert wird. Durch den hohen Grad der Standardisierung in Ausbildung und Prüfung brauchen die Inhalte nicht weiter bewertet werden; man weiß, was man bekommt.

Durch den hohen Ausbildungsstand und der Erfahrung im Rettungsschwimmen der Prüfberechtigten ist eine hochwertige Ausbildung möglich. Oft trainieren Gliederungen der Verbände im eigenen Bad, so dass gute Beziehungen bestehen und die Wege kurz sind. Oft kann auch der EH-Kurs angeboten werden.

Die Kosten sind vergleichsweise moderat. Das Rettungsschwimmabzeichen kostet oft zwischen 50 und 100

€ je Ausbildung/Prüfung[5]. Die kurzen Wege reduzieren Fahrtkosten und Fahrtzeiten.

Je nach Situation vor Ort gibt es Verhandlungspotential, die Prüfung zur Rettungsfähigkeit kann zeitlich etc. gestaltet werden. Auf der anderen Seite gibt es Gliederungen, die das Rettungsschwimmen nur im Rahmen ihrer normalen Ausbildungstätigkeit anbieten und sich eher unflexibel zeigen.

Gegen das Rettungsschwimmabzeichen Silber spricht, dass die hohen Anforderungen unter Umständen von Mitarbeiter nicht erfüllt werden können, obwohl diese im Sinne der Richtlinie oder anderer Anforderungen durchaus rettungsfähig sind. Dies gilt insb. dann, wenn die tatsächlichen Anforderungen im Bad von den Vorstellungen im Rettungsschwimmabzeichen erheblich abweichen, z. B. maximale Wassertiefe nur 1,20 m in einem Lehrschwimmbecken. Auch lassen die Vorgaben der Prüfungsordnungen kaum Anpassung an die Situation im Bad zu. Letztlich findet also meist eine Übererfüllung der Anforderungen an die Rettungsfähigkeit statt. Dennoch werden vorhandene Rettungsmittel dann nicht behandelt, z. B. das Spineboard. Dies liegt sowohl am Umfang wie an der Qualifikation der Ausbilder.

Die hohe Standardisierung beim Rettungsschwimmabzeichen mit der Folge, dass es weder an die Verhältnisse

---

[5] Stand 2021

Wozu Rettungsfähigkeit?

vor Ort noch an die vorhandenen Kenntnisse und Fertig-keiten der Teilnehmer angepasst werden kann, lässt Po-tential ungenutzt und wird im Laufe der Jahre u. U. für die Mitarbeiter ausgesprochen langweilig.

Da Fachkräfte im Schwimmbad eine in der Regel drei-jährige Berufsausbildung (ca. 5000 Stunden) abgeschlos-sen haben, Lehrbeauftragte der Verbände hingegen eine 120stündige Lizenzausbildung, empfinden manche Mitar-beiter es als unangemessen, sich von Lehrbeauftragten prüfen zu lassen.

Externe Anforderungen

In einzelnen Bundesländern werden in Landesverordnun-gen zu Bädern oder zur Wasserrettung Vorgaben zur Ret-tungsfähigkeit gemacht, die dann den anderen Regeln vorgehen. In der Regel erfüllt das Rettungsschwimmab-zeichen Silber diese speziellen Anforderungen mit.

Gefährdungsbeurteilung/Risikobewertung

Der Badbetreiber muss eine Gefährdungsbeurteilung für alle Tätigkeiten seiner Mitarbeiter durchführen. Aus der Gefährdungsbeurteilung und der Aufgabenbeschreibung ergibt sich dann der Qualifikationsbedarf der Mitarbeiter. Wegen des mit der Gefährdungsbeurteilung verbundenen Aufwands wird bei der Tätigkeit Retten häufig der von den Unfallkassen vorgeschlagenen Standard übernommen.

Die DGUV Information 217-018 nennt unter Punkt 8.3 zur Rettung von Ertrinkenden als Maßnahmen das Bereitstellen von Rettungsgerät, regelmäßigen Nachweis der Rettungsfähigkeit und regelmäßigen Nachweis eines Erste-Hilfe-Kurses.

Sofern hier nicht eine weitere Betrachtung durch den Badbetreiber stattfindet, genügt das Rettungsschwimmabzeichen als Nachweis Rettungsfähigkeit für alle Mitarbeiter. Fachkräfte können die Rettungsfähigkeit durch die kombinierte Übung gemäß Richtlinie 94.05 DGfdB nachweisen.

Die Gefährdungsbeurteilung erlaubt jedoch ein individuelles Zuschneiden der benötigten Rettungsfähigkeit auf das Bad. So können sowohl höhere als auch niedrigere Anforderungen nötig sein. Vor allem ist die Beschränkung oder Erweiterung auf die notwendigen Inhalte für dieses Bad möglich.

Der Grundsatz „Schwimmerischen Einsatz möglichst vermeiden" wird in allen üblichen Nachweisen ebenso unterschlagen wie die situationsgerechte Rettung, der Einsatz der vorhandenen Rettungsmittel und der Verknüpfung von Retten und Patientenversorgung. Hier besteht viel Potential. Die Beratung durch Ausbilder Wasserrettung und Sanitätsdienst empfiehlt sich hier.

Wozu Rettungsfähigkeit?

Kostenaspekte

Von der unzulässigen Möglichkeit, die Rettungsfähigkeit nicht nachzuweisen, oder Nachweise ohne Prüfung auszustellen, besteht die kostengünstigste Lösung darin, dass das Badpersonal die Rettungsfähigkeit untereinander prüft und dokumentiert. Insb. aus der Richtlinie 94.05 DGfdB ergibt sich, dass geprüfte Meister für Bäderbetriebe und Lehrscheininhaber der Vereine die Rettungsfähigkeit bevorzugt abnehmen dürfen. Es ist auch möglich, dass ein entsprechend beauftragter Fachangestellter dies übernimmt. Die Kosten bestehen in diesem Fall lediglich im Arbeitslohn der Mitarbeiter sowie der Aufbereitung des benötigten Materials (insb. Desinfektion des Wiederbelebungsphantoms). Da die Kombinierte Übung inkl. HLW und Dokumentation in weniger als 10 min durchgeführt werden kann, bleiben die Kosten je Nachweis im einstelligen Eurobereich.

Ähnlich günstig kann die Abnahme durch einen Lehrscheininhaber des örtlichen Vereins sein, wenn man sich entsprechend einigt.

Das Rettungsschwimmabzeichen kostet meist zwischen 50 und 100 € je Teilnehmer[6].

---

[6] Stand 2021, die Beträge weichen im konkreten Fall weit voneinander ab.

Tagesseminare beim BdS inkl. Dokumentation und Mittagessen (coronal nur eingeschränkt) kosten ca. 70 € je Teilnehmer[7].

Tagesseminare mit externen Referenten und Prüfern kosten inkl. Dokumentation, je nach Teilnehmeranzahl, Anfahrt, Spesen etc. ab ungefähr 800 bis 1000 € je Tag.

Sinn und Unsinn

Das große Problem der Rettungsfähigkeit aus übergeordneter Sicht ist, dass hier ein kleiner Teilbereich des Rettens als entscheidend hervorgehoben wird: Das Retten einer am Beckenboden liegenden Person. In der Situation kommt es natürlich drauf an, die erforderliche Leistung schnell und sicher abrufen zu können. Natürlich kommt es darauf an, schnell und nach gespeicherten Abläufen agieren zu können. Die meisten Rettungen Ertrinkender erfordern jedoch gar keinen schwimmerischen Einsatz und schon gar nicht das Tauchen auf den Beckenboden. Durch die ständige Wiederholung des Rettungsfähigkeitsnachweises entsteht jedoch nicht nur beim Mitarbeiter und Betreiber der Eindruck: Das ist das non plus ultra, der Weisheit letzter Schluss, die ultima ratio.

Wer nur den Schein braucht: ok. Für alle anderen und für die Bäder wäre es ungleich sinnvoller, die Mitarbeiter umfangreich und vielfältig für alle Situationen zu schulen

---

[7] Stand 2021

und die Prüfung der Rettungsfähigkeit hier als Teilbereich einzuordnen.

Eine gute Ausbildung der Mitarbeiter reduziert das Risiko für Tote und Schwerbeschädigte bei Ertrinken. Jeder solche Fall stellt eine erhebliche Belastung für den entsprechenden Mitarbeiter und das Team dar. Es kommt nicht selten vor, dass nach Ertrinken Mitarbeiter das Bad verlassen, oder im schweren Fälle therapeutisch behandelt werden müssen. Dass Ertrinkende nicht zum guten Ruf des Bades beitragen, wird vorausgesetzt.

Interessanterweise wird bei allen weiteren Absichten, die mit der Rettungsfähigkeit verbunden werden, bis hin zur „Belohnung" der Mitarbeiter durch einen zweitägigen auswärtigen Lehrgang, der hohe Ausbildungsstand der Mitarbeiter kaum im Marketing eingesetzt. Anders als tolle Technik kann die Rettungsfähigkeit als Nutzen auch Laien sehr gut vermitteln werden.

Außerhalb der Bäder werden an „Rettungsfähigkeit" vielfältige weitere und teilweise erheblich höhere Anforderungen gestellt. Die Kombinierte Übung im Wasserrettungsdienst wird in ABC-Ausrüstung geschwommen, im Rettungsschwimmabzeichen mit Zeitbegrenzung und Kleidung. An der Küste ist Run-Swim-Run, also 100 m laufen, 200 schwimmen (mit Flossen) und 100 m Laufen ein beachtlicher Leistungsnachweis mit zusätzlichen Anforderungen.

Der Rettungsfähigkeitsnachweis in Bäder wird den tatsächlichen Anforderungen im Bad angepasst. Luft nach oben ist immer.

Erst- und Wiederholungsprüfungen

Die erste Rettungsfähigkeit bei Arbeitsaufnahme in Bädern ist entweder das Rettungsschwimmabzeichen Silber oder die Berufsausbildung. Die Berufsausbildung beinhaltet das Rettungsschwimmabzeichen meist. Bei der Erstprüfung zum Rettungsschwimmabzeichen beträgt das Mindestalter 14 Jahre. Voraussetzung für die Prüfung sind ein Erste-Hilfe-Nachweis nicht älter als zwei Jahre und eine theoretische und praktische Ausbildung im Umfang von zusammen mindestens 12 Zeitstunden. Die Prüfung erfolgt dann in der Theorie mit Fragebogen und in der Praxis mit Schwimmen.

Bei Wiederholungsprüfungen zum Rettungsschwimmabzeichen Silber ist kein Lehrgang erforderlich. Es kann direkt die Prüfung abgenommen werden, sofern die weiteren Voraussetzungen (Erste Hilfe-Nachweis) erfüllt sind.

Wozu Rettungsfähigkeit?

Sowohl bei Erstprüfung als auch bei der Wiederholung müssen die Prüfungsleistungen innerhalb von zwei Monaten erbracht werden. Ältere Prüfungsteile sind erneut zu prüfen[8].

Bei der Rettungsfähigkeit nach Anhang zur Richtlinie 94.05 DGfdB sind Voraussetzungen sowie eine Einweisung ins Bad vorgesehen; die Kombinierte Übung als Nachweis der Rettungsfähigkeit kann jedoch ohne Voraussetzungen abgelegt werden.

Das Rettungsschwimmabzeichen sowie die Rettungsfähigkeit nach Richtlinie sind nach spätestens zwei Jahren zu wiederholen. Die DGUV Regel 107-001 wurde entsprechend angepasst[9]. Nach längeren oder schweren Erkrankungen oder Unfällen ist die Rettungsfähigkeit unabhängig von der letzten Prüfung erneut nachzuweisen.

Prüfer

Anforderungen

Es gibt keine gesetzlichen oder vergleichbaren Vorgaben darüber, wer die Rettungsfähigkeit prüft. Es ist also Aufgabe des Badbetreibers eine geeignete Person dazu heranzuziehen.

---

[8] Während Corona bestehen bei den Verbänden teilweise längere Prüfungszeiträume.
[9] Hier gibt es hingegen keine Fristverlängerungen.

Die Richtlinie 94.05 DGfdB bevorzugt Meister für Bäderbetriebe oder Lehrbeauftragte der Verbände, lässt aber auch andere Möglichkeiten offen. In der FAQ heißt es dazu, dass auch geeignete Fachangestellte die Prüfung durchaus durchführen können.

Das Rettungsschwimmabzeichen dürfen nur Lehrscheininhaber[10] der Verbände ausbilden und prüfen. Sofern sie im Auftrag und Namen ihres Verbandes prüfen, ist außerdem ein gültiger Lehr-/Prüfauftrag nötig. Im Auftrag des Öffentlichen Dienstes dürfen sie ebenfalls Ausbildungen/Prüfungen durchführen. Dabei sollte auf die entsprechenden Fortbildungen geachtet werden. Unabhängig vom Auftrag kann die Registrierung und Ausstellung des Abzeichens über den Verband bzw. eine seiner Gliederungen erfolgen. Im Falle des Auftrags öD kann die beauftragende Stelle auch die Abzeichen selbst ausstellen. Dies sieht man in der Praxis aber extrem selten. Der Verwaltungsaufwand, Aufbewahrungspflichten und Datenschutz wären hier durch die Verwaltung zu beachten.

Bei externen kommerziellen Referenten und Prüfern ist die Eignung zu beurteilen. Leicht ist dies immer, falls diese selber über einen Berufsabschluss als Fachkraft verfügen

---

[10] Lehrscheininhaber fasst hier alle in den Verbänden qualifizierten Ausbilder und Prüfer zusammen. Je nach Verband haben diese unterschiedliche Bezeichnungen. So dürfte ein AP RS (Ausbilder/Prüfer Rettungsschwimmen) der Deutschen Lebens-Rettungs-Gesellschaft e. V. die Rettungsfähigkeit prüfen und bescheinigen, obwohl es in diesem Verband zusätzlich die Qualifikation „Lehrschein" gibt.

oder eine Lehrqualifikation der Verbände mit entsprechenden Fortbildungen haben. Ein Auftrag des Verbandes ist nicht nötig, sie prüfen im Auftrag öD. Sie können die Prüfung bescheinigen, eine Ausstellung eines Rettungsschwimmabzeichens ist jedoch nur in Verbindung mit einem Verband oder dem Auftraggeber öD möglich.

Die Prüfung ist durch eine rettungsfähige Person zu beaufsichtigen. Während normalerweise davon ausgegangen wird, dass diejenige, die unterrichtet, nicht zugleich Aufsicht führen kann, scheint dies bei der Rettungsfähigkeit weniger entscheidend. Falls der Prüfer nicht selber rettungsfähig ist, muss die Aufsicht durch eine rettungsfähige Person sichergestellt sein. Bei Externen liegt dies in der Verantwortung des Prüfers, nicht des Badbetreibers.

Extern oder intern

Die Frage, ob der Nachweis der Rettungsfähigkeit betriebsintern oder mit externen Prüfern geführt werden soll, ist eine der großen Fragen. Es gibt gute, vor allem aber viele Gründe für und gegen beide Varianten.

Die interne Durchführung ist wesentlich leichter zu organisieren und meist günstiger. Die Beauftragung, die Prüfung durchzuführen, stellt für den entsprechenden Mitarbeiter eine Bereicherung seiner Tätigkeit mit einer gewissen Spezialisierungsmöglichkeit dar – oder unnötige Zusatzbelastungen. Für manchen Mitarbeiter mag es leichter sein, sich von einem Kollegen statt von einem

Fremden prüfen zu lassen. Auch ist die interne Durchführung meist die günstige Lösung.

In der FAQ der DGfdB wird vorgeschlagen, die Prüfung intern vorzunehmen, dabei aber einen externen Zeugen hinzuziehen. Empfohlen werden Mitarbeiter der Verwaltung oder auch Mitarbeiter der Unfallkassen. Selbst, wenn für die Zeugen keine Kosten berechnet werden, ist der (auch nur verrechnete) finanzielle Aufwand enorm, die Organisation aufwendiger und der Zeitverlust für den Zeugen erheblich. Ein Großteil der Vorteile der internen Prüfung gehen bei diesem Versuch, einen wertigeren Nachweis zu produzieren ad absurdum geführt.

Damit wird ein wichtiges Thema angesprochen: Die internen Nachweise zur Rettungsfähigkeit sind nicht immer hoch angesehen, da sie zu Gefälligkeitsbescheinigungen führen können und anfällig für Manipulationen oder, neutraler formuliert, unterschiedliche Auffassungen sind. Schwache Dokumentation verstärkt diesen Eindruck noch.

Zugleich gibt es aber auch Vorbehalte gegen externe Nachweise. Dies gilt gelegentlich dann, wenn Saisonkräfte ihren Nachweis selber organisieren müssen. Es sind Fälle bekannt, in denen langjährige Aufsichten mit stets aufgefrischten Rettungsfähigkeitsnachweisen kaum schwimmen konnten.

Gegen die internen Prüfungen spricht noch, dass das dafür vorzuhaltende Gerät und dessen Pflege Aufwand verursacht. Ein Wiederbelebungsphantom muss nach jeder Nutzung desinfiziert werden. Sowohl Gliederpuppe (zum Retten) als auch Trainer-AED verursachen Kosten, die sich oft nicht lohnen, weil sie nur zweimal im Jahr eingesetzt werden. Selbst, wenn das Bad selber die Berufsausbildung durchführt, ist es oft günstiger, Leistungen zur Ausbildung in HLW extern einzukaufen.

Externe Prüfungen sind in der Regel teurer als interne. Zu den Teilnehmergebühren kommen mindestens Arbeitszeit und oft Fahrtkosten. Dafür ist das Ansehen der Nachweise oft höher. Dies gilt selbst dann, wenn der Badbetreiber bewusst solche Einrichtungen aussucht, bei denen jeder den Rettungsfähigkeitsnachweis bekommt, sofern er die Übungen nur ungefähr beendet. Oder der Fall, bei dem der externe Dienstleister die Nachweise ohne Prüfung aufgrund einer Liste ausstellt, die die Badmitarbeiter selber erstellt haben.

Sucht der Badbetreiber einen seriösen Externen aus, haben Schulungen und Prüfungen durch diesen erhebliche Vorteile. Die Unterbrechung der Routine macht die Prüfung schon an sich interessant. Externe Prüfer haben oft große Erfahrung sowohl in der Bäderbranche als auch in der Ausbildung. Insbesondere sind sie eben Spezialisten für Rettungsfähigkeit. Sie sollten auf dem aktuellen Stand sein und so auch für einen Wissenstransfer zwischen den Bädern sorgen. Externe übernehmen einen

Großteil der Organisation und Administration. Sie verfügen über ausreichend geeignetes Material und kümmern sich um die Pflege, Reinigung und Instandhaltung.

Für viele Bäder bietet sich ein kombiniertes Vorgehen an: Alle zwei Jahre Bestätigung der Rettungsfähigkeit extern in Verbindung mit einer entsprechenden Schulung. In der dazwischenliegenden Saison Überprüfung der Rettungsfähigkeit mit kombinierter Übung intern vor Saisonbeginn, z. B. im Rahmen einer Kick-Off-Veranstaltung.

7 Dokumentation

Form

Es gibt keine Vorgaben, wie der Nachweis formal zu dokumentieren ist. Während das Rettungsschwimmabzeichen im sogenannten Ausweis mit Siegel, Stempel und Unterschrift dokumentiert wird, stellt z. B. der BdS Urkunden im A4-Format mit Nennung der Übungen und ggf. Zeiten aus. Daneben erfolgt die Dokumentation auf Seiten des Prüfers beim Rettungsschwimmabzeichen durch die sogenannten Prüfungskarten, in denen jede erbrachte Leistung einzeln mit Datum und Unterschrift einzutragen ist. Bei anderen Anbietern werden Listen mit den persönlichen Daten und Leistungen geführt.

Entscheidend ist, dass die Prüfung mit dem Ergebnis schriftlich festgehalten wird. Jedem Teilnehmer ist sein Ergebnis einzeln zu bestätigen. Listen, die der Prüfer führt, werden aus datenschutzrechtlichen Gründen weder den Teilnehmern noch dem Auftraggeber zugänglich gemacht, z. B. damit sie die Teilnahme durch Unterschrift bestätigen.

Es gelten die üblichen relevanten Datenschutzmaßnahmen.

Inhalt

Folgende Angaben müssen auf der Teilnehmerbescheinigung angeben sein:

- Name, Vorname
- Geburtsdatum
- Datum der Prüfung
- Ort der Prüfung
- Name der Prüfung
- Ergebnis der Prüfung
- Unterschrift

Name, Vorname und Geburtsdatum dienen der Identifikation des Prüflings. Das Datum der Prüfung zur Feststellung, ob der Nachweis noch gültig ist. Der Name der Prüfung ist im einfachsten Fall „Rettungsfähigkeit". Der Ort der Prüfung ist auf Urkunden schlicht Tradition. Das Ergebnis der Prüfung kann einfach „bestanden"/ „nicht" bestanden lauten oder auch einzelne Leistungen aufführen. Mit der Unterschrift bestätigt der Prüfer, dass alle Angaben auf der Urkunde korrekt sind.

Besonders aussagekräftig ist eine solche Bescheinigung natürlich nicht, schon gar nicht gerichtsverwertbar. Es ist aufgrund der Bescheinigung nicht festzustellen, worin die Rettungsfähigkeit denn nun bestehen soll. Beim Rettungsschwimmabzeichen Silber sind die Angaben nur deswegen ausreichend, da die zugrundeliegende Prüfungsordnung inkl. Ausführungsbestimmen detailliert die zu erbringenden Leistungen festlegt und öffentlich verfügbar ist.

Wozu Rettungsfähigkeit?

Sinnvoll ist eine Bescheinigung, die zusätzliche folgende Angaben enthält:

- Benennung der Übung inkl. Kriterium für das Bestehen
- Ggf. die tatsächlich erbrachte Leistung
- Angaben zum Schwimmbad, in dem die Leistung geprüft wurde

Die Benennung der Übung muss so umfangreich und quantifiziert sein, dass eine Bewertung des Beitrags zur Rettungsfähigkeit möglich ist.

Statt

400 m Lagen[11]

muss es heißen

400 m Schwimmen in höchstens 16
min, davon 50 m Kraulschwimmen, 150
m Brustschwimmen und 200 m Rücken-
lage ohne Arme.[12]

Ungenaue Angaben weisen häufig auf Abweichungen zu den Leistungen hin, die eine sachkundige Person darunter verstehen würde.

---

[11] Formulierung zum Beispiel beim BdS
[12] Formulierung gemäß DPO

Gegebenenfalls kann die genaue Übungsbeschreibung in der Fußnote oder auf der Rückseite der Bescheinigung erfolgen, falls sonst die individuell erbrachte Leistung schlecht darstellbar ist.

Die Nennung und eine kurze Beschreibung des Bades ist insbesondere bei der kombinierten Übung nach Richtlinie 94.05 DGfdB nötig, da sonst nicht verglichen werden kann, ob die Rettungsfähigkeit auch für andere Bäder gilt.

Sinnvoll ist es außerdem, den Auftraggeber anzugeben, um Unklarheiten vorzubeugen.

Wozu Rettungsfähigkeit?

bäderseminare Dirk M. Zebisch

einfach - zuverlässig - professionell

bäderseminare Zebisch · Lämmerwiesen 6 · 72401 Haigerloch

Herrn
Julian Eibe

Kontakt:
bäderseminare Dirk M. Zebisch
Lämmerwiesen 6
72401 Haigerloch

Bescheinigung Rettungsfähigkeit in Schwimmbädern   Haigerloch, 27.11.2020

Herr Julian Eibe
geb. am 05.09.2023

hat am 9 UE umfassenden Lehrgang
Rettungsfähigkeit in Schwimmbädern
am 23.11.2020
bei den Stadtwerken Trollbausch GmbH

teilgenommen und die Prüfung mit Erfolg abgelegt.

Dabei erbrachte er folgende Leistungen:
- Theoretische Prüfung
- Vorlage Erste Hilfe-Nachweis nicht älter als zwei Jahre
- 400 m Schwimmen in höchstens 15 min (50 m Kraul, 150 m Brust, 200 m Rückenlage Beine)
- 300 m Kleiderschwimmen in höchstens 12 min (anschließend im Wasser entkleiden)
- 50 m Transportschwimmen in höchstens 1:30 min (25 m Ziehen, 25 m Schieben)
- 50 m Schleppen in höchstens 4 min (beide in Kleidung, 25 m Kopf- und 25 m Achselschleppgriff)
- 25 m Streckentauchen
- Wurf-/Rettungsübung mit Ball und Leine
- kombinierte Übung (25 m Anschwimmen, Abtauchen 3,80 m mit Herausholen eines 5 kg-Ringes, Befreiungsgriff,
25 m Schleppen, Anlandbringen, 3 min HLW Einhelfermethode)
- sechs Befreiungsgriffe
- Sprung aus 3 m Höhe
- 3 x Tieftauchen 3,80 m mit Herausholen je eines 5 kg-Ringes

Haigerloch, den 23.11.2020

Dirk M. Zebisch

Tel.: 0 74 74/4 56 56 76
E-Mail: info@bäderseminare.de
Website: https://www.bäderseminare.de

Bankverbindung
IBAN: DE06 6416 3225 0410 9980 01 - BIC: GENODES1VHZ
St.-Nr. 53436/00024, USt-IdNr.: DE334749409

Abbildung 1: Musterbescheinigung Rettungsfähigkeit

Speicherfristen und Datenschutz

Im Grundsatz sollen so wenig wie möglich persönliche Daten erfasst werden. Es ist im Zusammenhang mit der Rettungsfähigkeit also nicht nötig, Anschriften, Telefonnummern etc. der Teilnehmer zu erfassen oder an externe Prüfer weiterzugeben. Die Kommunikation erfolgt im Bedarfsfall über den Arbeitgeber.

Die Bescheinigung bzw. eine Kopie davon kommt in die Personalakte und unterliegt den hierfür geltenden Bestimmungen. Weitere für die Prüfung angefertigte Listen können nach Erhalt der Bescheinigungen (und Vergleich), spätestens nach der Abrechnung vernichtet werden, falls sie Grundlage einer Abrechnung sein sollten.

Eine Übersicht über die Mitarbeiter und deren letzte Rettungsfähigkeit ist möglich. Bei der nächsten Vorlage eines Rettungsfähigkeitsnachweises sollten die Angaben zum vorhergehenden gelöscht werden. Selbstverständlich sollte sein, dass die persönlichen Daten aus dieser Übersicht entfernt werden, wenn der jeweilige Mitarbeiter keine Rettungsfähigkeit mehr braucht, z. B. weil er das Bad verlässt.

Wozu Rettungsfähigkeit?

Bei Registrierung des Rettungsschwimmabzeichens bei der DLRG wird die Prüfungskarte[13] zehn Jahre gespeichert und dann vernichtet. Bei den anderen Verbänden dürfte es ähnlich sein.

---

[13] Der Teilnehmer macht auf dieser Karte, die er unterschreiben muss, nur die notwendigen Angaben.

8 Die Praktische Durchführung von Prüfungen

Fachkräfte und besonders die Meister für Bäderbetriebe sind in der Durchführung von Prüfungen geschult und oft sehr erfahren. Hier werden einige kurze Hinweise mit besonderem Blick auf die Rettungsfähigkeit geboten. Zusätzlich befindet sich im Anhang eine Checkliste zur Durchführung von Prüfungen.

Planung

Die Prüfung muss geplant werden. In der Planungsphase werden die wiederverwendbaren Entscheidungen getroffen, zum Beispiel:

- Welches sind die Inhalte der Prüfung?
- Welchen Umfang hat die Prüfung?
- Welche Kriterien führen zum Bestehen?
- Welche Ressourcen stehen zur Verfügung?
- Welche Teilnehmergruppe soll teilnehmen?
- Wie werden ggf. die Kosten abgerechnet?
- Wer organisiert die Prüfung?
- Wer führt die Prüfung durch?
- Welche Sicherungsmaßnahmen sind erforderlich?
- Wie wird das Prüfungsergebnis dokumentiert?

Wiederverwendbar sind diese Entscheidungen, da sie für mehrere Prüfungen getroffen werden können und oft über mehrere Jahre Bestand haben. Es ist einfach nicht sinnvoll, ohne Not Änderungen vorzunehmen.

Zu den Inhalten der Prüfung gehört das gesamte Format. Es wird also auch entschieden, ob ein Informationsteil oder ein gemeinsames Essen stattfindet. Dies beeinfluss erheblich den Umfang der Prüfung. Weiter wäre zu entscheiden, ob die Prüfung für ein Bad, ein Unternehmen oder für andere bzw. mit anderen durchgeführt wird. Dazu gehört die Frage, ob Aushilfen oder Festangestellte, Rettungsschwimmer oder Fachkräfte, oder alle, an der Prüfung teilnehmen. Von diesen Überlegungen hängen Kosten und insbesondere die Abrechnung der Kosten ab.

Aufgrund der getroffenen Entscheidungen kann dann die Vorbereitung der Prüfung vorgenommen werden.

Vorbereitung

In der Vorbereitung werden nun konkrete Maßnahmen ergriffen. Dazu gehören vor allem:

- Festlegung des Termins
- Buchung des Bades und des Materials
- Erstellung eines Ablaufplans inkl. Reihenfolge der Prüfungen, parallele Prüfungen etc.
- Einladung und Information der Prüfer
- Einladung und Information der Teilnehmer
- Erstellen von Prüfungskarten und Listen

- Überprüfung und ggf. Beschaffung des benötigten Material sowie der Sicherungsausstattung.

Durchführung

Führen Sie die Veranstaltung durch:

- Überprüfung des Bades und des Materials
- Begrüßung der Teilnehmer, Feststellung der Anwesenheit und Abfrage der Gesundheit, Informationen zu Haus, Ablauf und Kriterien der Prüfung und Besonderheiten (z. B. Pandemien)
- Vorstellung der Prüfer und ggf. Helfer
- Einteilung in Gruppen/der Partner
- Prüfen, sichern, dokumentieren
- Mittagessen
- Bekanntgabe der Ergebnisse, möglichst mit Übergabe der Bescheinigungen, ggf. Teilnehmerfeedback einholen
- Verabschiedung der Teilnehmer und ggf. Prüfer und Helfer
- Aufräumen und Kontrolle des Bades

Am Ende überschneidet sich die Durchführung gelegentlich mit der Nachbereitung. So gehört das Auswertegespräch mit den Prüfern und Helfern zur Nachbereitung, wird aber oft im direkten Anschluss an den offiziellen Teil der Veranstaltung geführt. Beim Aufräumen findet teilweise bereits eine Reinigung und Kontrolle des Materials statt. Ebenso kann die Desinfektion begonnen werden.

Die Desinfektionszeiten betragen unter Umständen mehrere Stunden.

Nachbereitung

Zur Nachbereitung gehören alle Arbeiten, die nötig sind, um die Veranstaltung abzuschließen, zum Beispiel:

- Reinigung, Desinfektion und Einlagern oder Rückgabe des Materials
- Ersatzbeschaffung für verbrauchtes Material, falls dies nicht in der Vorbereitung der nächsten Prüfung erfolgt
- Abschließen der Listen und Dokumentation, Archivierung
- Druck und/oder Versand der Teilnahmebescheinigungen, falls nicht an der Prüfung ausgegeben
- Abrechnung und Buchung der Kosten/Einnahmen
- Mitteilung an den Auftraggeber über das Ende der Prüfung

Die Nachbereitung ist abgeschlossen, wenn keine weiteren Arbeiten im Zusammenhang mit der Prüfung mehr anstehen.

9 Material und Badausstattung

Anforderung an das Bad

Die Anforderungen an das Bad hängen von der zu prüfenden Rettungsfähigkeit ab. Soll die Rettungsfähigkeit nur für dieses eine Bad nachgewiesen werden, so erfüllt das Bad natürlich alle Anforderungen. Beispiel wäre ein Lehrschwimmbecken 8 x 12 m² mit breiter Treppe und größter Wassertiefe 1,20 m, Verbandkasten, Telefon. Oder auch ein Springerbecken 10 x 15 m², größte Wassertiefe 5,0 m und üblicher Infrastruktur.

Soll die Rettungsfähigkeit, wie im Richtlinie 94.05 DGfdB auch für vergleichbare Bäder gelten, oder für mehrere Bäder gemeinsam abgenommen werden, so ist eine Ausstattung zu fordern, die eben für alle Bäder gilt. Die Rettungsfähigkeit in einem üblichen Sportbad mit 4 Bahnen mit 25 m Länge und größter Tiefe 3,80 m im Bereich des Sprungturms ist eben nicht übertragbar auf ein Bad mit einem Sprungbereich mit 4,5 m Wassertiefe oder einen Naturbadesee.

Sei dies auch inkonsistent zu den Anforderungen für das Rettungsschwimmabzeichen, so gilt dieses doch ganz allgemein als Nachweis der Rettungsfähigkeit. Dem liegt die Vorstellung zu Grunde, dass es bei einem derart umfassenden Leistungsnachweis unerheblich ist, ob mit der tatsächlichen Wassertiefe geübt wird.

Wozu Rettungsfähigkeit?

Für die Abnahme des Rettungsschwimmabzeichens Silber gelten insbesondere folgende Voraussetzungen:

- Länge mindestens 25 m
- Wassertiefe mindestens 3 m
- Sprungturm mit mindestens 3 m Höhe
- Bodensicht
- Wassertemperatur mindestens 18 °C

Die Voraussetzungen bedingen sich zum Teil gegenseitig. Ein Becken mit 3 m-Brett hat eine Wassertiefe von mindestens 3,40 m bis 3,80 m (je nach Alter). Die Mindestlänge von 25 m ergibt sich aus der Vorgabe, die Tauchstrecke in gerader Richtung zu durchtauchen. Eine evtl. Wende unter Wasser ist das Gegenteil von „gerade". Die Wassertemperatur kann ein Problem darstellen, wenn ich Freibädern vor oder zu Saisonbeginn geprüft werden soll. 18 °C sind die Untergrenze, ideal sind um die 24 °C. Bodensicht ist notwendig, da die Sicherung des Prüflings sonst sehr mühevoll wird.

Sofern die üblichen Voraussetzungen nach DGUV Regel 107-100 nicht vorliegen, z. B. an einem See, ist die Sicherung und Versorgung der Teilnehmer durch mitgebrachtes Rettungsgerät, Einsatz von Gerätetauchern etc. zu gewährleisten.

Material

Neben dem zur Prüfungsverwaltung notwendigen Material hängen die Anforderungen an das Material vom gewählten Prüfungsformat ab. Immer benötigt werden:

- Übungspartner
- Wiederbelebungsphantom

Der Übungspartner kann je nach Anforderung durch einen entsprechenden Dummy ersetzt werden. Dann ist weiteres Material nötig. Das Wiederbelebungsphantom muss dem aktuellen Stand entsprechen. Dies gilt nicht nur für die Druckkräfte und Volumen, sondern insbesondere auch für die hygienischen Anforderungen. Dazu gehört eine gute Wartung und Pflege. Die hygienischen Anforderungen an das Modell werden geringer, wenn die HLW mit der Zwei-Helfer-Methode und Beutel-Masken-Beatmung erfolgt. In diesem Fall müssen Gesichtsmaske und ggf. Lunge nicht nach jedem Teilnehmer gewechselt werden.

Weiterhin werden je nach Prüfungsformat folgende Materialien benötigt:

- Kleidung (je nach Format kurz oder als Körperanzug)
- 5 kg-Ringe
- Kleine Ringe (ca. 280 g)
- Dummy bzw. Gliederpuppe

Wozu Rettungsfähigkeit?

- Rettungsgeräte wie Wurfsack, Wurfball, Rettungsstange
- Maske/Lungenbeutel je Teilnehmer
- Unterlage für die HLW und das Anlandbringen
- Trockentücher
- Desinfektionsmittel mit Zubehör

Verbrauchsmaterial muss anschließend entsorgt werden. Das restliche Material wird zeitnah gereinigt und gepflegt. Anschließend erfolgt eine geeignete Lagerung.

Desinfektion und Hygiene

Die Desinfektion der Geräte und Materialien erfolgt nach Vorgabe des Herstellers. Bei den Wiederbelebungsphantomen werden die Gesichtsmasken nach der Reinigung in der Regel durch Tauchen in Desinfektionslösung desinfiziert und anschließend klar abgespült, getrocknet und verpackt. Eine sogenannte Wischdesinfektion ist bei Masken nicht ausreichend. Die Oberflächen werden einer Flächendesinfektion unterzogen. Die Modelle müssen getrocknet werden, falls sie nass geworden sind. Ggf. sind Teile des Modells auszutauschen (z. B. Einmallunge).

Je nach den durchzuführenden Desinfektionsarbeiten werden weitere Materialen benötig:

- Desinfektionswanne mit Sieb und Deckel
- Abspülmöglichkeit und Handwaschmöglichkeit
- Trockenmöglichkeit für das Material

Material und Badausstattung

- Stauraum für das Material
- Desinfektionsmittel
- Bürste

Bei ungenügender Desinfektion der Materialien besteht die Gefahr von Infektionen für die Teilnehmer und Verletzung für die beauftragten Mitarbeiter. Auch können Verstöße durch die Unfallkassen und das Gesundheitsamt geahndet werden. Daher ist es notwendig, klare Vorgaben für die Desinfektion in Form einer schriftlichen Arbeitsanweisung zu machen. Mit der Desinfektion befasst Mitarbeiter sind entsprechende zu Schulen und schriftlich zu beauftragen. Die Dokumentation hält fest, wer wann was mit welchem Mittel und an welchen Teilen gemacht hat. Dafür ist u. a. die individuelle Kennzeichnung der Masken bzw. Chargierung nötig.

Aufgrund der Bedeutung der Desinfektion, Anweisung, Schulung und Dokumentation ist oft externe Beratung hilfreich bis notwendig. Diese kann von Ausbildern der Verbände geleistet werden. In der Regel nicht notwendig sind staatlich geprüfte Desinfektoren, Hygienebeauftragte etc., vor allem dann nicht, wenn diese mit der Desinfektion im Bereich Ausbildung Erste Hilfe/HLW/Wasserrettung wenig Erfahrung besitzen.

10 Corona ist anders

Ansteckung und Erkrankung

Corona (COVID-19, Sars-CoV-2) ist eine durch Viren übertragene Krankheit. Die Symptome reichen von „nicht vorhanden" bis „tot". Sie ist epidemisch, d. h. weltweit verbreitet und bestimmt die Jahre 2020 und 2021 erheblich. In Deutschland werden im April 2021 rund 20.000 Neuinfektionen am Tag nachgewiesen. Etwa 250 Menschen sterben täglich an Corona. Beachtlich ist auch, dass ein nennenswerter Anteil der Erkrankten Langzeitschäden und damit erhebliche Einschränkungen unter Umständen lebenslang durch Corona erleiden, auch wenn die eigentliche Erkrankung nicht schwer verlief. Als ganz grobe Abschätzung gilt, dass ca. 1 % der Bevölkerung infiziert und infizierend sind. In einem Hallenbad, das im Sommer 2020 mit maximal 300 Gästen am Tag betrieben wurde, wären also durchschnittlich drei Infizierte am Tag zu erwarten. In einem Freibad mit 1000 Gästen entsprechend 10.

Die Viren werden über die Atemwege ausgeschieden und verbreiten sich in der Luft fast ausschließlich über sogenannte Aerosole, also Wolken sehr kleiner Tröpfchen. Diese Aerosole sinken vergleichsweise langsam zu Boden und halten sich entsprechend lange in der Luft. Je stärker ein Infizierter atmet, desto mehr und desto weiter verteilt er seine Aerosolwolke. Die Aerosole reichern sich in geschlossenen Räumen an. Durch Luftbewegungen gibt es unterschiedliche Verteilungen. Lüftungsanlagen können die Virenlast in der Luft erheblich reduzieren.

Um sich zu infizieren, muss ein Mensch eine größere Zahl der Viren aufnehmen. Dies lässt sich bei Aerosol in der Luft nicht vermeiden, da ja jeder atmen muss. Je größer die Zahl der aufgenommenen Viren je Zeit, desto wahrscheinlicher wird eine Infektion. Schwer handhabbar ist, dass Infizierte andere schon anstecken können, bevor überhaupt Symptome auftreten.

Hauptsächlich durch Abstand lässt sich das Ansteckungsrisiko deutlich vermeiden. Auch ohne Anreicherungseffekte in Räumen schleudert ein Mensch beim Husten oder gar Niesen Tröpfchen mehrere Meter weit.

Zunehmende Bedeutung kam Atemmasken zu. Am Anfang im Frühjahr 2020 waren dies für die Bevölkerung meist selbstgemachte Masken, dann ab Herbst 2020 zunehmend medizinische Masken und FFP2. Die Wirkung nimmt von den Eigenbauten über die medizinischen Masken zu den FFP2 zu. Obwohl die Masken bei der Einatmung virenbeladene Aerosole um das 20fache reduzieren können und damit eine Ansteckung unwahrscheinlicher machen, liegt der größte Nutzen darin, dass beim Ausatmen kaum Aerosol aus der Maske dringt (korrekte Passform und Handhabung vorausgesetzt). Maskentragen schützt also alle, da sich wenig/kein Aerosol bildet. Aus diesem Grund sind auch Masken mit Ausatemventil nicht sinnvoll: ausgeatmete Aerosole gehen hier fast ungehindert durch. So würden die gegen Chlorgas eingesetzten Masken zwar das Personal schützen, aber nicht die Gäste. Außerdem ist der Preis für den Filter so hoch, dass hierfür ein Vielfaches an FFP2 verbraucht werden könnte.

Seit Anfang 2021 stehen Impfstoffe gegen Corona zur Verfügung. Diese erwiesen sich bei den bis zur Entwicklung bekannten Virentypen als sehr wirksam: Bei Geimpften sinkt die Sterblichkeit auf annähernd null, ebenso die Gefahr schwerer Verläufe (Behandlung auf Intensivstation nötig). Ein Großteil der Geimpften zeigt keine oder nur schwache Symptome bei einer Infektion. Lange war nicht klar, ob der Impfschutz eine Infektion verhindert (dann können auch keine Viren mehr ausgeatmet werden) oder ob eine Infektion möglich, aber unproblematisch verläuft. Aktuell sieht es so aus, dass Geimpfte tatsächlich keine relevante Virenmenge ausatmen, die genügt um andere anzustecken. Dies gilt jedoch nicht für neue Virusmutationen, durch die auch Geimpfte, je nach Virustyp, doch wieder erkranken können.

Aus Vorsichtsgründen ist also weiterhin anzunehmen, dass infizierte Personen Viren ausatmen, auch wenn sie geimpft und offensichtlich gesund sind. Die üblichen Regeln, vor allem Abstand und Atemmaske, bleiben weiterhin gültig.

Neu ist im Frühjahr 2021 der Versuch, durch intensiven Gebrauch von Schnelltests Infizierte frühzeitig erkennen zu können. Dabei zeigte sich in der Praxis jedoch, dass die Schnelltests derart ungenau sind, dass die erhoffte starke Wirkung ausblieb. Dennoch bleibt das Testen der Mitarbeiter und Teilnehmer an Schulungen eine bedeutende Maßnahme zur weiteren Absicherung der anderen Maßnahmen.

Während im Sommer 2020 versucht wurde, risikoreichere Tätigkeiten zu verbieten und weniger risikoreiche zuzulassen, geht der Trend seit Herbst dahin, möglichst viele Kontakte unabhängig vom Risiko zu vermeiden. Es ist also nicht mehr spannend, in welchem Umfang Corona z. B. in Bäder tatsächlich verbreitet wird, sondern dass sich in Bädern viele Menschen treffen statt zuhause zu bleiben. Jetzt, am 27.04.2021, ist nicht zuletzt durch die Änderung der gesetzlichen Zuständigkeiten, nicht abzusehen, ob die Freibäder wie 2020 überhaupt öffnen dürfen.

Besonderheiten im Bad

2020 wurde im Wesentlichen versucht, durch Mengenbegrenzungen und Besucherführung Abstände zwischen den Gästen untereinander und dem Personal zu gewährleisten. Teilweise sollten zusätzlich auf dem Weg bis zum Becken (und vom Becken) medizinische Masken oder FFP2 ebenso wie vom Personal getragen werden.

Wozu Rettungsfähigkeit?

Es ist unmittelbar einsichtig, dass dies im Zusammenhang mit einer Rettung völlig nutzlos ist. Zwar gilt eine Übertragung von Corona durch das gechlorte Wasser als ausgeschlossen, aber ein Ertrinkender atmet zumindest anfangs deutlich verstärkt, hustet und prustet, ohne dass der Retter einen Mindestabstand einhalten kann. Bei der Mund-zu-Nase- oder Mund-zu-Mund-Beatmung ist ein Schutz gegen Aerosole schwer umzusetzen. Selbst bei einer Beutelbeatmung ohne sogenannte HEPA-Filter können Aerosole großzügig verteilt werden.

Zu Fragen der Ersten Hilfe und Wiederbelebung unter Corona-Bedingungen hat der Deutsche Wiederbelebungsrat umfangreich Stellung genommen und Maßnahmen vorgeschlagen[14]. Weitere Organisationen haben entsprechende Empfehlungen, z. B. der DGUV.

Im Zusammenhang mit der Rettungsfähigkeit gilt es also festzustellen, ob diese überhaupt geprüft werden kann und welche Einschränkungen oder Anpassungen sich dann ergeben.

Rechtliche Anforderungen

Die folgenden Ausführungen beziehen sich beispielhaft auf die Coronaverordnung des Landes Baden-Württemberg (CoronaVO), wie sie bis zum 19.4.2021 gültig war.

---

[14] Deutscher Rat für Wiederbelebung – German Resuscitation Council (GRC) e.V., Ulm

Die CoronaVO untersagte seit 02.11.2020 den Publikumsverkehr in Schwimmbädern. Erlaubt blieb jedoch die Nutzung zu dienstlichen Zwecken. In der Begründung zur CoronaVO heißt es dazu, dass für bestimmte Organisationen, z. B. der Polizei oder der Feuerwehr der Verlust der Trainingsmöglichkeit im Schwimmbad unverhältnismäßig sei. Nicht ausdrücklich aufgeführt ergibt sich aber, dass es ein dienstlicher Zweck ist, das Badpersonal arbeitsfähig und damit rettungsfähig zu erhalten.

Die Nutzung von Bädern zur Schulung und Prüfung der Rettungsfähigkeit der Mitarbeiter ist damit möglich. Immerhin ist die Rettungsfähigkeit Voraussetzung für die Tätigkeit als Aufsicht. Dies gilt umso mehr, als die Rettungsfähigkeit spätestens alle zwei Jahre nachzuweisen ist und entsprechende Schulungen schon im Frühjahr 2020 oft ausgefallen sind. Eine mögliche Verlängerung der Intervalle zwischen den Nachweisen der Rettungsfähigkeit, wie sie z. B. in den DLRG verbandsintern beschlossen wurde, bleibt für das Badpersonal Fiktion. Entsprechend gibt es auch keine Aussagen dazu z. B. von Seiten der Unfallkassen.

Für die Badnutzung gelten nun zum einen die allgemeinen Regeln zum Betrieb von Bädern. Diese beinhalten im Wesentlichen Vorgaben zum Abstand halten: Ansammlungen vermeiden, Einbahnschwimmen, Überholverbot. Zum anderen gelten aber zum Schutz der Mitarbeiter gem. CoronaVO erweitere Schutzpflichten des Arbeitgebers.

Wozu Rettungsfähigkeit?

Alle Bestimmungen unterliegen aber der Zumutbarkeitsvermutung. Wenn eine Bestimmung nicht eingehalten wird, weil es dem Sinn einer Maßnahme (z. B. Prüfung der Rettungsfähigkeit) widerspricht oder nicht zumutbar ist, dann gilt diese Bestimmung eben nicht oder nicht in vollem Maße. Letztlich ist also wieder der Unternehmer gefordert, im Rahmen der Risikobeurteilung abzuschätzen, zu begründen und zu dokumentieren, welches Risiko eingegangen wird und welche Maßnahmen erforderlich sind.

In diesem rechtlichen Rahmen ist für die Rettungsfähigkeit rechtlich alles möglich, bis hin zur Abnahme wie in den Jahren zu vor.

Gestaltungsmöglichkeiten

Schwierig sind alle Tätigkeiten, bei denen sich Menschen ungeschützt so nahekommen, dass eine Ansteckung möglich ist. Bei der Rettungsfähigkeit wäre dies also insbesondere:

- Befreiungsgriffe
- Schleppen
- Anlandbringen
- Teilw. EH/Wiederbelebung (Seitenlage, oder Zweihelfermethode)

Nimmt man die Kombinierte Übung nach Richtlinie 94.05 DGfdB also Grundlage ist die Übung also problemlos durchzuführen, wenn statt des Übungspartners eine tauchfähige Gliederpuppe verwendet wird. Im Schwimmbad befinden sich zeitgleich lediglich der Prüfling und der Prüfer. Dieser ist durch Abstand und Maske ausreichend geschützt. Er bereitet unter Beachtung der hygienischen Vorgaben nach jedem Prüfling das Material auf und desinfizierte es, soweit notwendig.

Es gibt keinen Grund, die Rettungsfähigkeit nach Richtlinie 94.05 DGfdB nicht zu prüfen/nachzuweisen. Der Aufwand ist allerdings entsprechend hoch.

Sollte die Risikobewertung ergeben, dass der Nutzen des Rettungsschwimmabzeichens die Gefahr einer Ansteckung überwiegt, so ist auch dieses durchzuführen. Neben den üblichen Maßnahmen wie medizinische Maske/FFP2 wo immer möglich, Abstand, so lange möglich, Schnelltest vor der Schulung ist besonders darauf zu achten, dass jedes Prüflingspaar zusammenbleibt und bis zum Abschluss der Prüfung möglichst keinen Kontakt zu anderen Personen hat. Dass die Übung selber kurz gehalten wird ist selbstverständlich.

Ambivalent ist die Wiederbelebungsmethode zu werten. Zwar hat der Teilnehmer bei der Ein-Helfer-Methode maximalen räumlichen und zeitlichen Abstand zu allen anderen Personen, bei der Zwei-Helfer-Methode mit Beutel-Maskenbeatmung und beiden Helfern mit Maske gelangt jedoch gar kein Infektiöses Material auf das Phantom oder

Wozu Rettungsfähigkeit?

das Arbeitsgerät. Während die DPO die Ein-Helfer-Methode vorgibt, lassen andere Formate hier Gestaltungs- und Interpretationsraum.

Zusammenfassend kann festgestellt werden: Der Rettungsfähigkeitsnachweis kann auch unter Coronabedingungen geführt werden. Ein einfacher Nachweis ist im Zweifel besser, als darauf zu verzichten. Der Aufwand ist höher, hält sich aber in Grenzen.

11 Anhang

Verwendete Abkürzungen

AED	Automatisierter Externer Defibrillator („Defi")
ASB	Arbeiter-Samariter-Bund e. V.
BdS	Bundesverband deutscher Schwimmmeister e. V.
BFS	Bundesverband zur Förderung der Schwimmausbildung
CoronaVO	Coronaverordnung des Landes Baden-Württemberg
DGfdB	Deutsche Gesellschaft für das Badewesen e. V.
DGUV	Deutscher Gesamtverband der Unfallversicherer
DLRG	Deutsche-Lebens-Rettungs-Gesellschaft e. V.
DPO	Deutsche Prüfungsordnung (BFS)
DRK	Deutsches Rotes Kreuz e. V.
EH	Erste Hilfe

Wozu Rettungsfähigkeit?

HLW	Herz-Lungen-Wiederbelebung
öD	öffentlicher Dienst

Checklisten und Vorlagen

Checkliste

Planung, Vorbereitung, Durchführung und Nachbereitung von Rettungsfähigkeitsprüfungen

Planung

- Sind Inhalt und Umfang der Prüfung festgelegt?
- Sind die Kriterien zum Bestehen festgelegt?
- Steht die Teilnehmergruppe fest?
- Sind die benötigten Materialen, Unterlagen etc. festgelegt?
- Steht die Abrechnung fest?
- Steht fest, wer die Prüfung organisiert?

Vorbereitung

- Steht der Termin fest?
- Sind Bad und Material gebucht?
- Sind die Teilnehmer eingeladen?
- Sind die Prüfer und Helfer eingeladen?
- Steht der Ablaufplan der Prüfung fest?
- Wurden die erforderlichen Unterlagen (TN-Listen etc.) erstellt?
- Wurde das Material überprüft?

Durchführung

- Ist das Bad in einwandfreiem Zustand?
- Ist das Material vollständig und überprüft?
- Sind die Teilnehmer, Prüfer und Helfer begrüßt und eingewiesen?
- Sind dir Gruppen eingeteilt, sind die Partner zugeteilt?
- Hat jeder TN die Übungen abgeschlossen?
- Sind die Ergebnisse dokumentiert?
- Sind Teilnehmer und Prüfer verabschiedet?
- Haben die TN ihre Bescheinigung erhalten?
- Sind Bad und Material aufgeräumt?

Nachbereitung

- Wurde Feedback von den Teilnehmern, Prüfern und Helfern eingeholt?
- Wurde das Material gereinigt, desinfiziert und eingelagert bzw. zurückgegeben?
- Wurde verbrauchtes Material ersetzt?
- Wurden die Listen abgeschlossen und archiviert?
- Wurde die Prüfung abgerechnet und gebucht?
- Wurde dem Auftraggeber der Abschluss der Prüfung gemeldet?

Abbildung 2 Checkliste PVDN

Wozu Rettungsfähigkeit?

Name und Vorname: _____

Geburtsdatum: _____

Ort/Betrieb: _____

Datum: _____

	erfüllt	Zeit	Kürzel
Übung 1			
Übung 2			
Übung 3			
Übung 4			
Übung 5			

Abbildung 3 Prüfkarte TN

	Übung 1	Übung 2	Übung 3	Übung 4	Übung 5	Übung 6	Übung 7
Name 1							
Name 2							
Name 3							
Name 4							
Name 5							
Name 6							
Name 7							
Name 8							
Name 9							

Betrieb

Ort

Datum

Abbildung 4 Teilnehmerliste

81

Wozu Rettungsfähigkeit?

Die Vorlagen und weitere Informationen stehen unter folgender Adresse zur Verfügung:

www.bäderseminare.de/Publikationen/

Literaturverzeichnis

Bundesverband zur Förderung der Schwimmausbildung. „Deutsche Prüfungsordnung Schwimmen." Bad Nenndorf, Januar 2020.

Deutsche Gesellschaft für das Badewesen e. V. „DGfdB R 94.05 Verkehrssicherungs- und Aufsichtpflicht in öffentlichen Bädern während des Badebetriebs ." Essen, 2015.

—. „Pandemieplan 2.0." Essen, April 2021.

Deutsche Gesetzliche Unfallversicherung e. V. „DGUV Regel 107-001 Betrieb von Bädern." Berlin, August 2018.

Deutscher Rat für Wiederbelebung – German Resuscitation Council (GRC) e.V. „verschiedene Veröffentlichungen." Ulm, 2020.

Landesregierung Baden-Württemberg. „Corona-Verordnung." Stuttgart, April 2021.

Vereinte Dienstleistungsgewerkschaft ver.di. „Rettungsfähigkeit in Bädern." Berlin, 2012.

Abbildungsverzeichnis

Stichwortverzeichnis

Wozu Rettungsfähigkeit?

Wozu Rettungsfähigkeit?